Jyanome
presents

AFTERIMAGE
SLOW MOTION

afterimage slow motion

contents

Ich bitte die Leute aus dem zweiten Jahr, ebenfalls Werbung für uns zu machen.

Im Frühling suchen alle Klubs verzweifelt nach Nachwuchs.

Auch wir dürfen nicht müde werden.

Kann bitte jemand das Poster von den Jungs aus dem zweiten Jahr noch hier auf dem Gang aufhängen?

Niishiiroo!

Wird gemacht.

Hier.

Seid stolz, Teil des Filmklubs zu sein! Verinnerlicht das und sprecht mit dieser Einstellung und mit einem Lächeln auf dem Gesicht unsere neuen Anwärter an.

Ich verteile jetzt die Mitgliedsanträge! Gebt sie bitte an alle neuen Schüler weiter!

Zehn Formulare pro Person.

Hier, reich mal nach hinten weiter.

Pff!
Was für ein
Scheiß.

Hey!

Du
schreist
voll
rum!

Herrje! Ich
seh schon. Wir
müssen die
Sache wohl
selbst in die
Hand nehmen.

Glauben
die etwa ernst-
haft, die neuen
Schüler würden
sich von so 'nem
billig gemachten
Werbefilm ein-
lullen lassen?

STILLE

Und überhaupt, der Film fängt mit Credits an ...

... und hört mit Credits wieder auf. Wie dämlich ist das denn?!

Und was sollte das eigentlich von wegen „Wer in den Filmklub kommt, kann alles werden"?

Oje! Komm, ist gut jetzt.

Junge, Junge, geht das wieder los ...

Das stimmt doch überhaupt nicht!

Ichikawa ...

Die meisten Mitglieder im Filmklub müssen irgendwelche dämlichen Hilfsjobs verrichten und stehen stumm im Hintergrund.

Während du immer und überall die Hauptrolle spielen musst, du versnobter, arroganter Schnösel!

Voll-trottel!!

Machst du dich über meine Jungs lustig? Giichi Ichikawa!

Wenn ja, dann kannst du was erleben!

...chikawa! ...as reicht jetzt!

Der Einzige, der hier null Komma null auf dem Kasten hat, bist du, Jin Kikuchihara.

Kapierst du es immer noch nicht, du Penner?

Hey, Jin! Beruhig dich! Ihr müsst euch doch nicht gleich kloppen.

Von diesem belämmerten Vollhonk ...

... muss ich mir überhaupt nichts sagen lassen!

überhaupt, wieso sprichst du dauernd von deinem Klub, hä?! Dein Klub hier, dein Klub da! Ich kann mich nicht daran erinnern, dass das jemals „dein" Klub gewesen wäre!

Honk, sagst du, du ... Volltrottel?!

14

Langsam ... langsam ... ganz langsam ...

Wie eine Highspeed-Aufnahme in 960 Frames pro Sekunde.

Wenn die Kamera gelaufen wäre, hätte das mit Sicherheit eine verdammt gute Szene abgegeben.

Das sollte ich definitiv in meinem nächsten Film verwenden.

Wie ...

Stimmt! Du hättest es einfach ignorieren sollen.

Ja, dass du dich so kindisch verhalten hast war echt ungewöhnlich, Jin.

Boah, das hat mich echt geschockt!

Ich meine, Ichikawa und Jin konnten sich ja noch nie leiden, aber diesmal dachte ich echt, die bringen sich um!

Du bist immerhin älter.

Schon, aber es wird doch nur schlimmer, wenn du dich drauf einlässt.

BEDRÜCKT

Er hat doch angefangen. Mit seinen dummen Bemerkungen.

Jin, kennst du das etwa nicht? BL heißt Boys Love, also 'ne Romanze zwischen zwei Typen.

Aber anders als Werke für Schwule haben BLs 'ne ziemlich große weibliche Fangemeinde.

Und dann habt ihr euch auch noch geküsst! Junge! Wie in einem BL.

HIHIH!

?

?

BL? Was ist das?

Hey! Ist doch so, oder? Sag doch mal! Du als der beliebteste Kerl auf der Midorigaoka Oberschule!

Schade, dass du auf 'ner reinen Jungenschule gelandet bist.

Gestehen dir die aus den unteren Klassen etwa nie ihre Liebe, Jin? Du bekommst doch sicher auch Liebesbriefe und so was?

Und als sie dann gemerkt haben, dass ich nicht der bin, den sie sich erhofft hatten, haben sie die Reißleine gezogen.

Ich glaub ja, die haben sich nur für mich entschieden, weil sie mich heiß fanden.

Ja, ja. Ich mag recht beliebt sein, na und?

Ich hatte immer mal wieder 'ne Freundin.

Aber die haben mich am Ende alle verlassen.

Rei, ich dachte, wir wären beste Freunde?

Du kennst mich besser als jeder andere.

Ich möchte dir nichts verheimlichen ...

HUFF

FILM

Trotzdem. Egal was da zwischen euch läuft, du solltest dich mit ihm vertragen.

Mit Ichikawa.

Okay.

Sobald die Zeit reif dafür ist, erzähle ich dir alles.

HM

Wieso muss ich mich mit ihm vertragen?

Was redest du denn?

Sobald wir unseren Film fertig haben, war's das. Dann sind wir raus aus dem Filmklub.

!

Dann musst du einen neuen Klubvorstand wählen, und zwar einen der Jungs aus dem zweiten Jahr.

Und ganz ehrlich, mir fällt kein besserer Kandidat als Ichikawa ein.

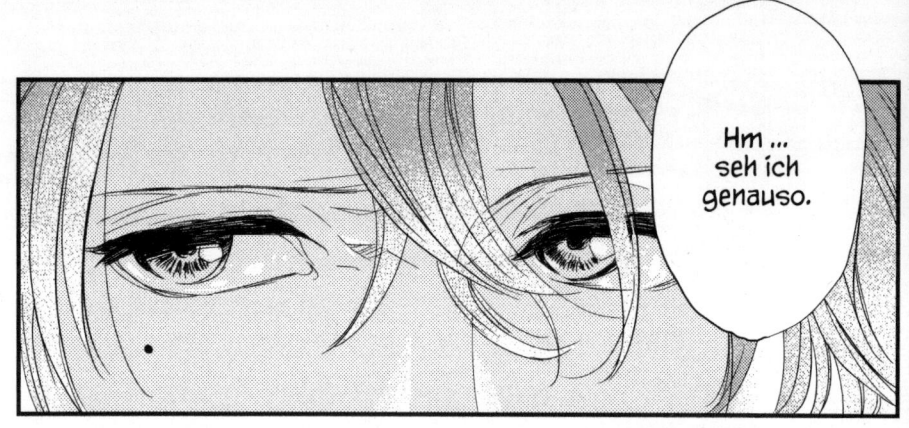

Hm ...
seh ich
genauso.

Dann regele
das mit ihm.
Es kommt auch
nicht gut vor den
anderen, wenn ihr
euch dauernd
in die Wolle
kriegt.

Denk
dran, du
bist immer
noch unser
Klubvor-
stand.

Ja, ich
weiß.

LEHRERZIMMER

Sie wollten mich sprechen?

Am nächsten Tag

Hmmm ...

Ich weiß auch nicht, ob und wann er zurückkommen wird.

Mein letzter Mitbewohner ging im ersten Jahr nach Kanada, um Eishockey zu spielen.

Seitdem bewohne ich das Zimmer allein.

Jin, du hast momentan noch keinen Mitbewohner im Wohnheim, richtig?

Der Großvater eines Schülers aus dem zweiten Jahr wird in Kürze ins Krankenhaus eingeliefert und länger behandelt.

Das bereitet diesem Schüler sehr große Sorgen.

Das stimmt.

Er lebte zuvor allein mit seinem Großvater. Aber da dieser nun im August ...

... für die bevorstehende Operation in die Klinik verlegt wird, hatte ich an dich gedacht.

Und dieser Schüler soll in meinem Zimmer wohnen?

So ist es. Ich bin froh, dass du bereit bist, zu helfen.

Seine Angehörigen haben die Angelegenheit gemeinsam mit der Schule besprochen und wir sind übereingekommen, dass er für eine Weile im Wohnheim unterkommen kann.

Für diesen Schüler wäre es eine doppelte Belastung, wenn er währenddessen ganz allein leben müsste.

Ihr seid zwar nicht im selben Schuljahr, aber ich bin sicher, dass ihr beiden euch gut verstehen werdet.

Verstanden. Ich werde mich um ihn kümmern.

Ich hätte beinahe vergessen, dir das mitzuteilen.

Ach, apropos, er zieht bereits heute ein.

Oh... okay...

...

Er hätte mich wenigstens einen Tag vorher warnen können. Dann hätte ich das Zimmer noch in Ordnung gebracht!

Sorry! Fangt schon mal ohne mich an!

Hey, Jin! Was ist mit unserem Meeting?

Bisher habe ich allein gelebt und es war verdammt angenehm ...

Ich hoffe, das bleibt auch so.

Immer fröhlich und gut gelaunt, intelligent, ein guter Anführer, jemand, der schnell die Initiative ergreifen kann, aber auch freundlich und zuvorkommend ist, mit einem gefestigten Charakter.

Ich muss auf mein Image achten.

Wenn er im zweiten Jahr ist, hat er sicher schon von mir gehört. Dem berüchtigten Klubvorstand des Filmklubs.

Irgendwie stresst mich das, dass wir in unterschiedlichen Jahrgängen sind.

? ?

Wieso krieg ich denn jetzt Herz-klopfen?

?

Wieso tut es mir leid? Ich muss mich doch nicht vor ihm verstecken oder mich unwohl fühlen!

Das ist schließlich mein Zimmer.

!!

RUMMS

Tu...

Tut mir leid!!

Sehr gut. Bin ja froh, dass du das auch so siehst.

Ach, übrigens, ich wollte mit dir später noch über die Kostüme sprechen.

Okay.

Nein, das wird nicht passieren! Außerdem haben die Dreharbeiten schon begonnen und ich will nicht, dass es komplizierter wird, als es ohnehin schon ist.

Ja, wenn's gar nicht anders geht, kann ich gern mit dir tauschen, kein Thema.

Ich hoffe nur, ihr kriegt euch nicht in die Haare, Jin!

STARR

Hm?

Wolltest du auch was von mir, Rei?

Ah, stimmt. D Jungs würe gern noch den Dreho für Szene : checken

Können wir uns morgen Mittag treffen?

Klar.

Wir sehen uns später.

43

○ Wenn du nach zehn Uhr abends zurück ins Wohnheim kommst und nicht erwischt werden willst, solltest du durch den Hintereingang im Badezimmer reinkommen.

○ Freitagabend ist das Badezimmer voll mit den Rugbyspielern und den Leuten aus den Sportklubs...

Soll das ein geheimer Code sein?

...

Tja, so was bringen dir die Lehrer nicht bei. Man muss schon selbst rausfinden, wie man sich hier 'ne gute Zeit macht.

KNARZ

Vielleicht brauchst du das auch gar nicht. Aber womöglich können die Jungs aus deiner Klasse was damit anfangen.

Ich hoffe, dass es deinem Opa bald wieder besser geht.

Wenn dich irgendwas beschäftigt oder du Sorgen hast ... Du kannst jederzeit über alles mit mir sprechen.

... Ichikawa.

Vielleicht mag er es nicht, wenn man sich in persönliche Angelegenheiten einmischt.

Ob er sauer ist?

Hm...

Nein, so ein Quatsch! Ich bin schließlich älter als er, ich darf mir Sorgen machen.

Danke.

NICK

...!

Oh ...

Panel 1:

Dass Ichikawa so freundlich sein kann ...?

Nein ... ist doch selbstverständlich.

Panel 2:

Ein Maultaschenkissen. Meine Familie hat ihren eigenen Laden. Das ist unser Maskottchen, der „Gyoza-Man".

Aha? Sein Gesicht sieht irgendwie knuffig aus.

Panel 3:

Was ist das?

Äh, ja, danke.

Quasi ein „Freut mich, dich kennenzulernen" ...

Ah, hier ... als Zeichen unserer Freundschaft.

SCHWPP

Panel 4:

Er unterhält sich mit mir? Aber Manieren kennt er immer noch keine.

Hä? Moment mal ... In dem Maskottchen steckt ein Schwein?

... hier drin.

Das war ...

Ja, das ist Schweinegyoza.

FWPP

Panel 5:

Da ist irgendwas drin, oder?

DRÜCK

Was für einen Laden haben deine Eltern denn?

Eine Metzgerei.

Aha ...
irgendwie
grausam.

Also,
ich
meine
...

Wieder
diese
Arro-
ganz.

Pff!

Aber das
macht das
Leben doch
gerade
besonders,
findest du
nicht?

Tja,
die Welt ist
eben grausam.
Fressen oder
gefressen
werden.

Haha.

Hmm ...
damit hätte
ich nicht
gerechnet.

Irgendwie ...
Ja, doch ...
Irgendwie ist
er süß.

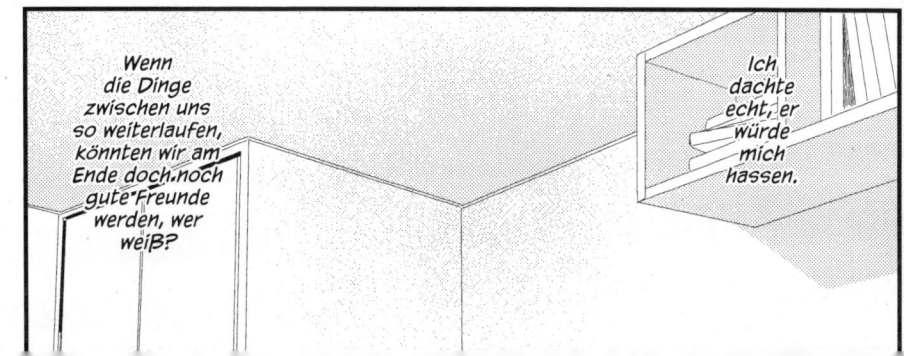

Wenn
die Dinge
zwischen uns
so weiterlaufen,
könnten wir am
Ende doch noch
gute Freunde
werden, wer
weiß?

Ich
dachte
echt, er
würde
mich
hassen.

Okay, kommt bitte alle mal her.

Ich erklär den Ablauf.

Sobald ihr den Windstoß spürt, müsst ihr alle so tun, als wärt ihr total überrascht.

Wir blicken auf ihn und verfolgen den Fall mit einem schnellen Schwenk von oben nach unten.

Heute drehen wir die erste Szene.

In dieser Szene fällt unser Androide Jerome aus dem Weltall direkt auf die Erde.

Das seht ihr auch hier in unserem Storyboard. Er fällt quasi direkt aus dem Himmel.

Alles klar!

TAPP

TAPP

TAPP

Hey, Rei, gehst du gleich mit uns noch was essen?

Ich will mir erst noch die Aufnahmen von heute ansehen.

Okay, dann komm ich mit.

DOSCH

Gute Arbeit heute! Wieso stehst du hier vor der Tür rum? Willst du nicht reingehen?

RRRR

Ich hab Angst, dass er mir hinter der Tür auflauert und mich überfällt, sobald ich sie öffne. Wie in einem schlechten Horrorfilm.

Ähm ...

?

52

Ah,
da bist du
ja wieder.
Hi!

Ich
frage mich,
welche Seite
von ihm wohl
die echte
ist?

Hallo ...

Hm?! Wart ihr nicht schon fertig mit dem Dreh?

Nee, nee.

Das hier ist ein Spezial-auftrag.

In der Schule verhält er sich immer noch so, als könne er mich nicht ausstehen.

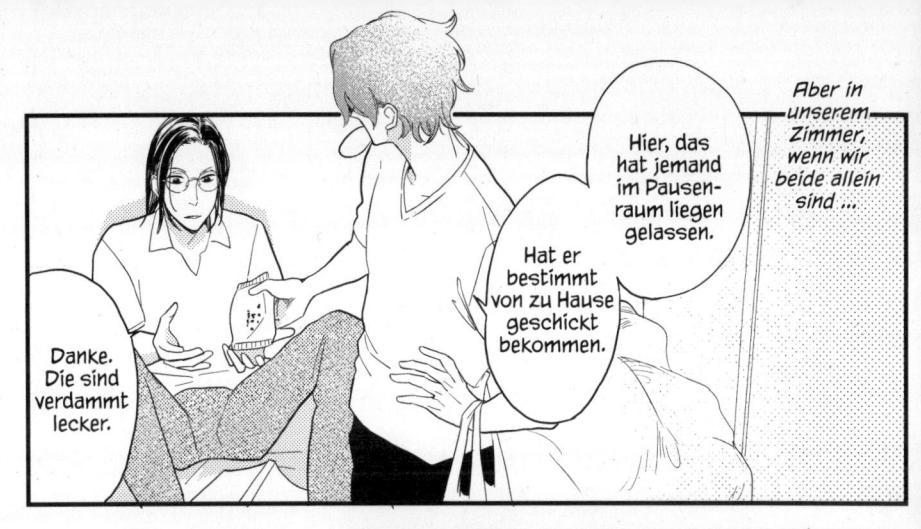

Danke. Die sind verdammt lecker.

Hier, das hat jemand im Pausenraum liegen gelassen.

Hat er bestimmt von zu Hause geschickt bekommen.

Aber in unserem Zimmer, wenn wir beide allein sind ...

Ja, die sind aus Kyushu, oder?

Warst du schon mal dort?

Nein.

So wie du jetzt bist, kann man sich wirklich mit dir unterhalten, Ichikawa.

Mmh, aber wer bist du wirklich? Wer von euch beiden ist der wahre Ichikawa?

Seine Stimme ... er wirkt so ruhig und gefasst.

Hasst du mich? Magst du mich?

Und? Wie läuft das Zusammenleben mit Ichikawa?

Na ja, seine Jungs haben uns ein wenig geholfen.

Und er leistet ganze Arbeit.

Er hat mich angestarrt wie ein Irrer.

Als er bei unserem Filmdreh zugeschaut hat, war er wie immer.

HMMMM

Ganz gut.

Ja, doch, ich glaub, es läuft ganz gut.

Nichts Besonderes. „Was hast du heute gegessen", oder: „Ist das Bad schon frei?" So was eben.

Worüber quatscht ihr denn so, wenn du mit ihm allein bist?

Manchmal kommen auch welche aus seinem Jahrgang zu Besuch.

Dann scheint ihr euch ja doch ganz gut zu verstehen. Ich hatte schon Angst, dass ihr euch hassen würdet oder so.

Hm, eigentlich habe ich ihn nie gehasst.

Ich weiß aber nicht, wie er über mich denkt.

BAMM BAMM

KLACK KLACK

Du Lügner! Mao kommt vorbei, um das zu überprüfen!

Ich bin dran!

KICHER

KICHER

Er trödelt ständig rum und hängt die ganze Zeit am Schnittprogramm. Das Problem ist nur, am Ende kriegt er's einfach nicht gebacken und hat tausend Ausreden für seine Jungs parat.

Ihr würdet euch wegschmeißen, wenn ihr ihn hören könntet. Einfach nur herrlich!

Frag ihn doch einfach. Wär das nicht leichter? Wieso müsst ihr beide euch so dämlich verstellen?

...

Es würde mir schon gefallen, wenn er so etwas zu mir sagen würde.

Hey, hallo! Was machst du?

Was starrst du mich so an?

DÄ DÄNG

Ah, nichts. Was liest du denn da?

BL-Manga.

Hat mir meine Schwester geschickt.

Klar! Ist der denn gut?

Wie?! Wirklich?!

Du willst so was lesen?

Echt? Na, so was ...

Hä, wirklich? Das ist also ein BL? Krass, ich will so was auch mal lesen. Leihst du mir den Band mal?

Großmeister Jin, wenn ich bitten darf. Und ja, es ist mein erstes Mal.

Jetzt warte mal, nicht so voreilig! Ist das dein erstes Mal, Jin? Hast du jemals Boys Love gelesen?

Ich dachte du machst Filme.

Ist das denn nötig?

Ist mir relativ egal, glaub ich. Mich interessiert nur die Story.

Das Allerheiligste eines jeden Fudanshi*.

Wie stehst du generell zu Erotik und erotischen Szenen?

Verstehe. Die grundlegenden Begriffe solltest du auf jeden Fall kennen.

* der männliche Gegenpart zu Fujoshi

WAA

AAH

Nötig? Natürlich ist das nötig, du Depp! Zwingend! Der erste Eindruck zählt!!

...

Die sind alle von meiner kleinen Schwester. Für mich ist das auch noch Neuland.

MURMEL

Vielleicht die hier? Die könnte was für dich sein.

Es gibt Geschichten über Trinker, Tragödien, über Zimmergenossen, über Gedächtnisverlust.

Vielleicht brauchst du eher eine klassische Story?

MURMEL

Ähm, ich versteh kein Wort von dem, was du mir hier erzählst.

Gedächtnisverlust? Tragödien? Omegaverse?

Ich hatte sie in irgendeine Kiste getan ...

Die einzigen Geschichten mit fantastischen Elementen, die ich hier habe, sind die Omegaverse-Bände.

Ah, nee. Du magst eher Science-Fiction, oder?

SHWUPP

Bist du nicht etwas zu nah?

Der Seme ist der aktive Part. Und der Uke der passive Part.

Zumindest das solltest du dir merken!!

SSP SSP

Findest du das gut? Hm, okay ...

Dieser Omega hat ja Sommersprossen! Genau wie du.

SWPP

Lies das mal.

Ich hab die meisten davon schon durch. Ich glaub, das könnte dir gefallen.

Ähm ... willst du mir jetzt dabei zusehen, wie ich lese?

STARR

Gelesen

SCHNIEF

Hab ich dir nicht gesagt, dass das gut ist?! Als der Uke, das Waisenkind, am Ende endlich seinen Counterpart findet, Wahnsinn!

Der Schluss ist wirklich phänomenal! Das muss einen einfach fesseln.

Ich bin so froh, dass es doch noch gut ausgegangen ist.

ZUPP

SCHNIEF

Pff!

Haha!

Was?

?

Ach, ich bin so froh ...

BLA

BLA

Auf den ersten Blick könnte man meinen, d Geschichte han nur davon, wie der Uke gerette wird. Aber nein Stattdessen hi der Uke dem Se zurück ins Leb zu finden und seine negative Energien in di richtigen Bahn zu lenken.

Es ist schön zu sehen, wie beide an dieser Beziehung wachsen und eine neue Stufe erklimmen.

Ja, sie sind aufeinander angewiesen.

KYAAAH ♡

Genau Die beid haben e ander unt stützt u ihre See gerette

Schicksalsgefährten! Wie das Stück eines Puzzles, das den beiden die ganze Zeit über gefehlt hat. Oh, diese wunderbaren BL-Geschichten.

Ah! Es gibt übrigens noch einen zweiten Teil ...

Ich dachte immer, du könntest mich nicht leiden.

Ich glaub, ich bin einfach nur froh, dass wir jetzt hier sitzen und uns so gut unterhalten können.

Das liegt daran, dass deine Filme einfach Mist sind.

Hey!

Du ...

Wirklich? Immer wenn wir uns am Set begegnen sind, warst du so kalt und abweisend zu mir. Du starrst mich immer nur grimmig an.

Ich weiß zwar nicht genau, was du mir sagen möchtest, aber ...

... es war nie so, dass ich dich nicht leiden konnte.

Ich bin
wirklich
froh, dass
er mich
nicht
hasst ...

Aber ...

Wir
sind beide
im Filmklub.
Darum mache ich
mir unbewusst
wohl ständig
Gedanken
darüber, wie du
meine Filme
eigentlich
findest.

Aber ich
hasse dich
nicht.

HUHU

So einer
bist du
also!

Wir beschlossen, nicht mehr über Filme zu sprechen, solange wir gemeinsam im Zimmer sind.

Während dieser kurzen Zeit, in der wir zusammenleben würden, wollten wir uns einfach nicht unnötig streiten.

Ah! Verflucht! Wieso schaue ich immer unbewusst zu ihm rüber, während ich lese?

Und dann ...

Was Ichikawa wohl durch den Kopf geht ...

... wenn er mal nicht über Filme nachdenkt?

Was genau gefällt dir denn?

QUIETSCH

Bevor ich ihn reinstecke, würde ich wollen, dass unsere Schwänze sich berühren und wir miteinander spielen.

Ich würde meinen Partner so lange necken, bis er mich anfleht, dass ich es ihm so richtig besorgen soll.

??!!

So ...
Man muss sie ganz fest aneinander reiben, damit sie beide hart werden.
REIB
REIB
Warte mal! Hey, was machst du denn Ichikawa?!
Stopp! Moment Du be- grad meinen ...
MMMM
Ja ...
KNARZ
KNARZ
Du bist richtig schön hart geworden.
Wir haben uns schon einmal geküsst. Wieso kein zweites Mal?
Hm?
MMM
...

Den Ichikawa außerhalb dieser Filmwelt ...

Hm, ich glaube, dass ich ihn ein wenig ...

Ich liebe ihn?!

... Ich liebe dich.

FWAH

Nein, nicht nur ein wenig ... ich glaube eher sehr, ... ja ...

Was zuvor geschah!

take3

Ichikawa hat mir einen BL-Manga ausgeliehen. Es war das erste Mal in meinem Leben, dass ich so etwas durchgeblättert habe. Danach hatte ich einen feuchten Traum – mit Ichikawa in der Hauptrolle!

Habe ich mich etwa in Ichikawa verliebt?

Nein, das kann doch nicht sein! Das muss ein Albtraum gewesen sein!

Was wird nur aus mir?!

TSCHIRP TSCHIRP

FLAPP

Da du mich schon einmal geküsst hast ...

Sieh an, sieh an. Du bist verdammt hart.

Du bist gestern eingeschlafen, als du den Manga gelesen hast.

Du hast den Band überhaupt nicht mehr losgelassen.

HIHI

Das ist genau wie in meinem Traum.

...

DEPRIMIERT

...

Du kannst ihn erst mal behalten, wenn du noch fertig lesen willst.

Und nur keine Eile. Ich kenn ihn ja schon.

SWPP

LINS

Na schön. Ich bin dann weg.

Du kommst noch zu spät zur Schule.

Was kümmert mich das eigentlich?

Schon okay. Geh ruhig schon mal vor, Ichikawa.

Bla, bla, alles gut. Ich hab mir noch einen runtergeholt und bin danach eingeschlafen. Als ich aufgewacht bin, war's schon Mittag.

PUH

Oh ... krass ... ähm ...

Nee, wirklich. Wenn er schon so was macht, dann ist doch irgendwas faul.

Ich bin sicher, es ist was passiert.

Das merkt doch jeder!

Sci·Fi

PFF

Sci·Fi

Bist du sicher, dass alles in Ordnung ist? Vielleicht der Stress in letzter Zeit?

Tja, ob der Stress das einzige ist, was sich in letzter Zeit bei ihm angestaut hat?

Hihihi

RUTSCH

Wieso redest du jetzt über Superman?

Bist du dir sicher? Ist nicht irgendwas Merkwürdiges vorgefallen in letzter Zeit?

Rei, ich glaube, du interpretierst da zu viel rein.

Ich bin einfach nur ein ganz normaler Typ. Nichts besonderes und ganz sicher nicht Superman.

Also ...

Jins Vorstellung

Ich hatte einen feuchten Traum im Stil eines BL-Films.

Und mein Partner war Ichikawa.

Wie schön!

Ich glaub, ich bin in Ichikawa verknallt.

Schluss jetzt, lasst das. Was ist denn los mit euch? Ihr tut ja gerade so, als wären wir die letzten Anfänger. Wir sind im dritten Jahr, klar?

Wir machen uns eben Sorgen, weil wir nicht wissen, was aus dem Film wird.

Jetzt sind wir schon so weit gekommen.

Wir müssen alles geben, damit das ein richtig geiles Ding wird.

Ja, aber trotzdem. Das wird unser letzter gemeinsamer Film.

Ein bisschen mehr Selbstvertrauen, bitte. Immerhin haben wir unser Können seit dem letzten Jahr noch mal immens verfeinert.

Besprecht euch mit euren Helfern und seht zu, dass ihr die Lage in den Griff bekommt.

Falls irgendwas ist, gebt mir Bescheid.

Als Klubvorstand werde ich persönlich die Verantwortung dafür übernehmen, dass jeder Einzelne aus unserem Filmklub an der Produktion dieses Films beteiligt sein wird.

DING DONG DANG DONG

Okay, dann bis später.

Echt? Okay, nach der Schule treffen wir uns wieder am Set.

Mist, die fünfte Stunde ist im anderen Gebäude.

Alles klar!

Ah, Meeresfrüchte mit Gemüse, glaub ich.

Was gibt's heute eigentlich zu essen?

Ich dachte immer, wenn ich es bis ins dritte Jahr schaffe, bin ich unbesiegbar.

Aber unbesiegbar ... hm ...

Ich muss mich auf meinen Abschluss vorbereiten und meiner Schulzeit Adieu sagen.

Und jetzt? Jetzt sehe ich mich mit einer Situation konfrontiert, mit der ich im Leben nicht gerechnet hätte.

Die Unbesiegbaren aus dem dritten Jahr.

Letzten Endes sind wir ja doch nur auf die aus dem zweiten Jahr neidisch.

Im dritten Jahr hat man ständig viel zu viel zu tun.

Die haben's gut. Jede Menge Freizeit und Langweile.

Aber ich würde lieber sterben, als das offen zuzugeben.

Komm her, setz dich.

POM

POM

Er hat wirklich mehr freie Zeit, als ich dachte. Diese Typen aus dem zweiten Jahr, also echt!

Da bist du ja! Ich hab schon auf dich gewartet!

GRINS GRINS

REIB

Hier bin ich.

Hör doch mal auf, dir die Hände zu reiben.

?

STRAHL

STRAHL

STRAHL

Das sind lauter Bände voller herz- zerreißender, aber schlichter Geschichten! Wirklich gut zu lesen, ich sag's dir!

Guck dir mal diesen schicken Präsidenten der Schüler- versammlung an. Mit seinem Stehkragen und der Brille! Gott, wie süß!

Hm, okay ...

Ich hab jede Menge gute Sachen für dich entdeckt!

Was ist denn los mit dir? Wieso wartest du, bis ich nach Hause komme? Und jetzt hör endlich auf, dir ständig die Hände zu reiben.

BL

Das hier, das kann ich empfehlen.

Nerve ich dich?

Der Zeichenstil ist fantastisch und ist leicht zu lesen.

Du nervst überhaupt nicht.

Nein, ich freu mich.

Zeig mal.

Ich wüsste einfach nur gerne, was du über mich denkst oder für mich empfindest. Es ist wirklich seltsam.

Okay, okay ... aber wehe, du spoilerst mich.

Stopp! Hier! Der Satz da! Gott, der ist so genial! Der packt mich immer wieder.

Wo denn?

Wa...

Was ist, Ichikawa?

Dein Gesicht ist ja ganz rot!!

...

Du hast recht. Es ist sehr gut komponiert und hat einen schönen Rhythmus.

Wie?!

FWAH

...

ÄHEM

Ich war nur überrascht, dass du es komplett vorliest.

FWAPP

FWAPP

SCHWUPP

Hey, versteck dich nicht! Ich will dein Gesicht sehen!

Du nervst! Schrei nicht so rum, Mann!

Halt die Klappe! Lass mich!

Und hör auf, dich selbst als Superstar zu bezeichnen!

HM

Verstehe, so ist das also. Kein Wunder, der Superstar, der Vorstand des Filmklubs ...

... schafft es, sogar jemanden wie Ichikawa zu verzaubern.

...

Aber es ist die Wahrheit. Du bist echt verdammt süß.

Bis jetzt habe ich immer nur deine mürrische und verdrießliche Seite gesehen.

Ich bin froh, dass ich noch andere Seiten von dir sehen darf, seit wir zusammenwohnen.

Wenn wir allein sind, bist du meistens sehr ruhig.

Dann liest du einfach in Ruhe Bücher, stimmt's?

...

Aber im Grunde bist du doch auch jemand, der gern aus sich rausgeht. Auch wenn man es anfangs nicht von dir erwarten würde.

Aber wenn man einmal anfängt, mit dir über Dinge zu sprechen, die dich richtig begeistern, kennst du kein Halten mehr. Dann plapperst du munter drauflos.

Wenn wir nicht zusammenleben würden, hätte ich all diese Seiten von dir vielleicht niemals kennengelernt.

Ah, du verdammter ...

Mir gefällt das. Das ist etwas Gutes.

Und süß bist du auch noch!

Ah, verflucht, ich hätte noch sanfter flüstern sollen.

Aber ich bin froh, dass ich dieses peinlich berührte Gesicht sehen durfte. Du bist knallrot angelaufen.

Ich mein's aber ernst.

Hör auf, mich süß zu nennen, während du mich mit todernster Miene ansiehst.

Es ist echt peinlich, wenn du so redest ...

Verstehe ... Ist das etwa schon Liebe?

So ist es!
Der Prinz aus dem
Filmklub war der Erste,
der der Liebe anheimfiel!

Sein Schwarm ist gleichzeitig sein größter Rivale, und der Weg, der vor ihnen liegt, ist voller Hürden und Gefahren.

Es schien eine unerwiderte Liebe zu sein, und doch!

Als die beiden mehr Zeit miteinander verbrachten, änderte sich ihre Beziehung schlagartig.

...

KLACK
KLACKER
KLACK

Bin
wieder
da.

MURMEL

MURMEL

MURMEL

TIPP
KLACKER
TIPP

Es ist
das erste
Mal, dass
er nichts
erwidert.

94

Er scheint konzentriert zu arbeiten.

Jede Wette, er würde es nicht mal bemerken, wenn ich ihn anspreche.

STARR

...

Er macht mir beinahe Angst.

Wir müssen mal mit dir reden, Jin.

Können wir rein-kommen?

Wie? Jetzt?

KLACK

Chiaki.

Tobe.

Was gibt's?

KLOPF

KLOPF

Ichikawa hat gerade zu tun.

Wir sollten ihn jetzt nicht stören. Gehen wir lieber in den Gemeinschaftsraum.

Schon in Ordnung.

Sorry.

Ichikawa ...

Du kannst ruhig weiterarbeiten. Beachte uns einfach gar nicht.

Dauert auch nicht so lang.

Ich bin fast fertig. Kommt rein, ich bin überhaupt nicht da.

Ich kann auch rausgehen, wenn ihr wollt.

Du willst aus dem Klub austreten?

Genau! Du spielst die Rolle von Jeromes besten Freund, Tobe ...

Wir haben schon die Drehtage vorbereitet, wo du auf allen Vieren gehst.

Auch die Anpassung der Motion-Capture-Markierungen an dein Gesicht ist so gut wie fertig.

Den Leoparden Sigma, den Jerome auf seiner Reise trifft.

Gibt's denn keine Möglichkeit, dich umzustimmen?

Du bist diesmal einer unserer wichtigsten Darsteller ...

Jetzt noch mal alles umzuschmeißen wäre echt ärgerlich.

Wir sind sowieso schon hinter dem Zeitplan.

Hast du dich nicht eigens für diese Rolle beworben?

Du warst doch Feuer und Flamme!

Tobe, wieso musst du eigentlich unbedingt aus dem Klub austreten, sag?

FUUH

PUUH

...

RUMMS

Okay, bis morgen.

Komm, wir gehen, Tobe.

Es ist gleich Appell, ihr solltet langsam gehen.

Sorry, ich wollte nicht so rum-schreien.

Lasst uns morgen weiterre-den.

...

Du ...!

Schon als Kind wollte ich immer Filmregisseur werden. Das war mein größter Traum.

Aber wie könntest du das verstehen, Ichikawa?

KLATSCH

Okay, lassen wir das.

Ab sofort ist es strengstens untersagt, in diesem Zimmer über Film zu sprechen.

Versprich mir das bitte, Ichikawa.

Wieso?

Weil ich nicht vor-habe, weiter Filme zu machen ...

... und es somit auch überhaupt keinen Zweck hat, mit dir über Film zu debattieren.

Wir würden uns sowieso nur wieder streiten.

Und die andere Sache ist die ...

Ich möchte auch weiterhin mit dir befreundet sein, darum ...

Solange wir nicht über Filme sprechen ...

... herrscht in diesem Zimmer Ruhe ...

Wir beide können friedlich und gesittet zusammen-leben.

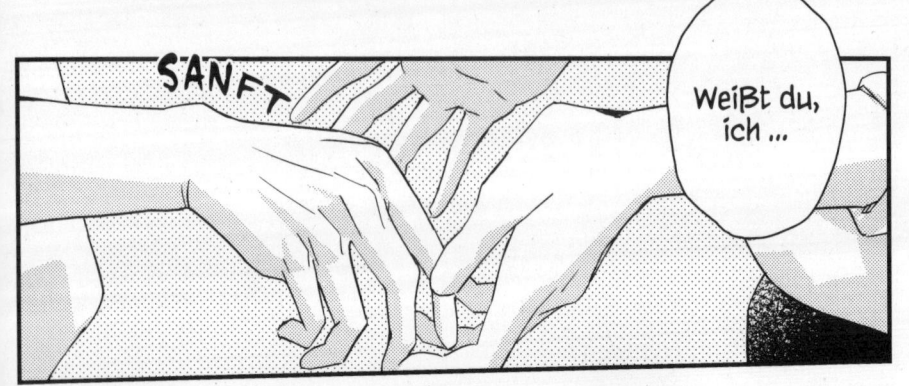

SANFT

Weißt du,
ich ...

...

Ich liebe
dich, Giichi
Ichikawa.

Was zuletzt geschah?!

(Giichi Ichikawas Version)

take4

Ich muss den Kopf mal frei kriegen.

...

Ich frag mich wirklich, wieso ich immer alles ausspreche, was ich denke.

Auch wenn es die Wahrheit ist, es gibt Dinge, die behält man lieber für sich ...

Oje ...

Aber ich will weg von zerstörerischen zwischenmenschlichen Beziehungen ...

Der König der verbalen Ausrutscher!

Hä? Was ist denn jetzt? Meinst du das ernst? Jetzt machst du dir Gedanken?

Ja, ich mach mir Gedanken, okay? Ich bin zu weit gegangen.

Das liegt doch einzig an dir, die Beziehung nicht zu zerstören.

Ich bezweifle, dass ihr diese Beziehung so einfach wieder kitten könnt, also wozu sich unnötig Gedanken machen?

Du bist echt kaum auszuhalten.

Aber ich bereue nichts und nehme auch nichts zurück!

114

Ich muss unbedingt wissen, ob du noch weitere Bände hiervon hast! Es geht nicht anders.

SHPP ☆

Hereinspaziert. Ich habe dich schon erwartet, Ichikawa.

Es ist eine gute Zeit, um sich zu verlieben
Mado Muen

...?!

Da bin ich. Aber ... wieso wartest du auf mich?

Hier ... es wurden insgesamt vier Bände veröffentlicht. Ich leih sie dir.

Danke.

Ich muss mit ihm reden und mich entschuldigen.

Ich sollte mich entschuldigen ...

Ah, ja ...

FUSCH
FUSCH
Denken kannst du das. Aber aussprechen solltest du es nicht. Behalte so was für dich, okay?
Wieso? Wieso soll ich denn bitte schön nicht darüber sprechen, hm?
Schon vergessen, dass ich dir meine Liebe gestanden habe?! Ist doch wohl klar, dass du mir nicht mehr aus dem Kopf gehst!
Und weil ich dich mag, will ich natürlich auch, dass du mich magst!
...
Hey, darf ich meinen Kopf auf deinen Schoß legen?
STRAHL
Di...
Dieser Kerl!!!

...

PFF

!!

Ich rede nicht gern mit ihm. Man weiß nie so recht, was er gerade denkt.

Und meine Jungs vergöttern den Kerl auch noch ...

WOW! Stark!

Es heißt, ihr beide hättet euch mal wieder gestritten?

Ich hab's von Chiaki gehört.

Jin sagte mir, dass Tobe seit Kurzem eine Freundin hat. Jemand aus der Vorbereitungsschule, wie es scheint.

Tobe hat sich nun doch dazu entschieden, im Klub zu bleiben.

Wir verpassen ihm eine richtig gute Rolle, stecken ihn in ein bezauberndes Kostüm und machen dann ein paar schicke Großaufnahmen von seinem Gesicht.

Das wird ihn mit Sicherheit umstimmen.

Und so weiter.

Willst du 'nen Kaugummi?

Er wollte einfach nur vor seiner Freundin angeben? Oh Mann, wie dämlich.

Hm, schon, ja. Tatsächlich müssen Chiaki und ich jetzt noch mehr schuften ...

Habt ihr dadurch jetzt nicht alle noch mehr Arbeit?

Klar, man könnte sich den ganzen Trubel auch sparen, aber ...

Trotzdem. Ich denke ...

... so wie Jin als Regisseur entschieden hat, war es richtig.

Ihr glaubt also, dass ihr Kikuchihara versteht und genau wisst, wie er so tickt und was er denkt, hä?

Die erste Fassung.

Er hat es ganz allein geschrieben ... und ich fand es ... außerordentlich gut.

Ich hab sein Drehbuch gelesen.

Was ist denn? Ichikawa ... Wieso bist du jetzt so verärgert?

Es sollte eigentlich eine Adaption eines Kinderbuchs werden und als Abenteuerfilm gedreht werden. Die letzte Szene, die am Meer spielt, hat mich wirklich zutiefst beeindruckt.

Aber mit jeder neuen Fassung wurde es immer schlimmer! Und es gibt nur einen einzigen Grund dafür ...

Und zwar glaube ich, dass er auf eure Meinungen gehört hat und mal hier, mal dort etwas geändert hat, nur weil irgendeiner von euch was dran auszusetzen hatte.

Als ich dieses Drehbuch las ...

... konnte ich regelrecht sehen, welche Szenerie er im Kopf hatte.

Er mag vielleicht ein wenig blauäugig sein, aber dumm ist er nicht.

Wenn dein eigenes Drehbuch immer verworrener wird und es irgendwann keinen Sinn mehr ergibt ...

... wisst ihr eigentlich, wie scheiße sich das anfühlt? Seht ihr denn nicht, was ihr ihm damit antut?

Before

After...

Es ging darum, dass der Protagonist aus diesem Anwesen flüchtet und sich in seiner tiefen Einsamkeit zum Meer hingezogen fühlt. Oder etwa nicht?

Aber wieso zum Teufel besiegt unser Protagonist dann eine Horde Zombies und macht am Ende ein Lagerfeuer am Strand?

Hm, ja, da gab's eben noch ein paar Änderungen.

Und wieso tanzt er in der Schlusssequenz mit den Zombies um dieses Lagerfeuer?

000

Ich verstehe das. Immerhin bin ich ebenfalls Regisseur.

Nur ein Regisseur kann verstehen, was ein Regisseur in solchen Momenten durchmacht.

In solchen Momenten hat ein Regisseur keine Freunde. Er ist völlig auf sich allein gestellt. Selbst wenn er in dieser Situation Leute um sich hat, kann im Grunde nur er allein das Steuer noch mal rumreißen.

Ja, doch. Klar, ich kann es verstehen.

Diese Szene muss weg. Und diese Szene muss weg.

Ändere doch bitte die Schnittfolge, bau 'ne knallige Mise en Scène mit ein, mach dies, mach das, mach jenes.

Feil an den Dialogen, verändere den Text.

All das hat er einfach wortlos so hingenommen.

Und? Worüber habt ihr gesprochen?
Er meinte, ich solle dich in Ruhe lassen.
Ich denke, er will nicht, dass ich mich in die Angelegenheiten von Monsieur le Regisseur Kikuchihara einmische.
GNN
Hey ... dreh dich doch mal zu mir.

Er sieht mich an.

Wie war das? Manchmal darf ich egoistisch und fordernd sein?

Als Regisseur. Das meinte ich ...

Nnh.

Moment! He, warte!

Es ist nicht so, als würde mich das stören ...

Verdammt!

Das regt mich auf.

Im Gegenteil, ich fühle mich warm und geborgen.

Als würde ich jeden Moment hinfortschweben.

HAAH

Über diese wichtige Sache, die im Innern meines Herzens abläuft ...

Nein.

Ich muss mit dir sprechen.

Darüber müssen wir unbedingt sprechen ...

Ichikawa?

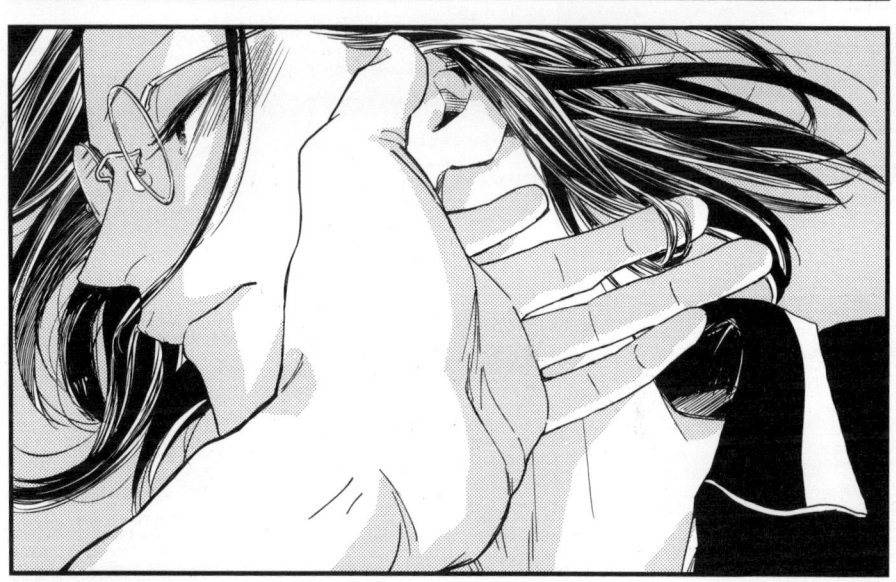

Weinst du?

Ich war der Meinung, dass auch Kikumaru-Lebensmittel einen Charakter als Aushängeschild bräuchte.

Des ist der „Gyoza-Man"!

Name: Gyoza-Man
Er hilft den Menschen, die in Not sind.
Er trägt einen schicken Anzug.
Er ist ein echter Gentleman.

Neu
Projekt für Kikumaru-Lebensmittel
5. Klasse – Jin Kikuchihara

In den Sommerferien der fünften Klasse sollten wir uns selbstständig eine Kreativaufgabe ausdenken, und ich entwickelte ein Maskottchen für unseren Laden, das ich „Gyoza-Man" nannte.

Statt des Firmenchefs würde dann einfach unser Maskottchen in den Werbefilmen auftreten.

Auch mein Vater mochte diese Figur unheimlich gern. Darum sah es anfangs auch so aus, als könnte es tatsächlich klappen und meine Idee umgesetzt werden.

KLATSCH
KLATSCH

FEIERLICHE PREISVERLEIHUNG DES KINDER-KUNSTWETTBEWERBS

Es ging sogar so weit, dass mein Projekt die Runde machte, beim Kinder-Kunstwettbewerb unserer Stadt eingereicht wurde und am Ende sogar einen Preis gewonnen hat.

Hiermit beenden wir nun den dreizehnten Kinder-Kunstwettbewerb mit unserer Siegerehrung!

Ich übergebe an den Vorsitzenden unserer Jury, den Bürgermeister Kiichiro Kuriyama.

KLATSCH
KLATSCH

148

Warum weint er denn so?

Hm? Wieso ...

Dabei müsste er sich doch eigentlich freuen ...

KULLER

KULLER

KULLER

Hier, bitte.

Mein Taschentuch.

Ähm ...

ZUPP

Hä?!

GRR

Will ich nicht! Das bringt nichts!

Bei dieser Preisverleihung traf ich zum ersten Mal auf Giichi Ichikawa.

Aber wenn du neben mir sitzt, heißt das doch, dass du zu den Besten gehörst und einen Preis gewonnen hast, oder?

Die Auszeichnung als bestes Werk? Reicht das denn nicht, um dir zu zeigen, dass du gut bist?

SCHNIEF

SCHLUCHZ

Mein Werk wurde überhaupt nicht gewürdigt. Ich bin so nutzlos, feige und dumm.

Sag mal ...

Wieso weinst du denn so doll?

Ich wollte mit diesem Werk einen Oscar gewinnen!

GRR

Hm? Er meint es wirklich ernst ...

...

Ich wollte mit meinem ersten eigenständigen Werk einen Oscar gewinnen.

Oscar? Hä? Meinst du für Filme? Machst du Witze?

Wie?

Habe ich wirklich mein Bestes gegeben? Hätte ich nicht noch mehr oder etwas anders machen können?

Aber jetzt? Wieso gewinne ich nur so eine dämlichen Kinderwett bewerb?

Es ist so erbärmlich! Ich bin so nutzlos!

Ich will so schnell wie möglich nach Hause und sofort wieder loslegen und ein neues Projekt starten.

Du bist ziemlich streng mit dir selbst.

Ich finde das klasse.

KLAPP
KLAPP
KLAPP

Was? Wieso starrst du mich so an?

Ähm ...

Das ist doch su-per!

Aber sieh mal, du hast mit deiner Arbeit die Jury begeistert. Das ist doch auch schon was!

Ich glaube nicht, dass das alles umsonst war.

Ja! Ich will auch streng mit mir sein!

Sie setzen mein wahres Können mit diesem dämlichen Kinderpreis herab!

Am schlimmsten ist, dass die Welt mein Talent nicht anerkennt!

Aber!

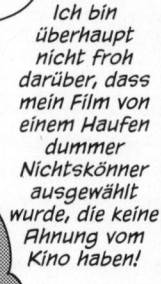

Nicht?

GRR GRR GRR

Äh ...

...

Eine Schande ist das! Eine Schande! Eine absolute Schande!

Ich bin überhaupt nicht froh darüber, dass mein Film von einem Haufen dummer Nichtskönner ausgewählt wurde, die keine Ahnung vom Kino haben!

...??!!

Auch anderen gegenüber war er sehr streng!!

Du solltest dir lieber an die eigene Nase fassen und darüber nachdenken, was du alles besser machen könntest, statt dich einfach so mit diesem blöden zweiten Platz zufriedenzugeben!

Du dummer Idiot!!

Und was willst du überhaupt, hä?! Redest mir hier gut zu und meinst, mich trösten zu müssen, ohne zu wissen, wie ich mich fühle!

HMPF

...

Wirklich ganz toll gemacht!

Ichikawa, herzlichen Glückwunsch!

KLATSCH

KLATSCH

KLATSCH

KLATSCH

Während der gesamten Siegesfeier wirkte Ichikawa sehr enttäuscht, unglücklich, entmutig und hat kein einziges Mal gelächelt.

Es war ein Kurz-film.

Wunder-schön.

Sehr bedäch-tig.

Nach der Siegerehrung wurde Ichikawas Film dann vorgeführt.

Hey,
Jin!

Ich war damals echt überrascht, als du dem Klub beigetreten bist, Ichikawa.

Weil du dich auch überhaupt nicht verändert hast.

Selbstbewusst, launisch, verdammt streng mit sich selbst, aber auch anderen gegenüber ...

Du bist noch immer derselbe.

Noch heute ein absoluter Filmnarr!

NDER-KUNSTWETTBEWER

Ich? Hm, also seit damals habe ich auf alle Fälle beträchtlich abgenommen.

Ich bin gewachsen ... charakterlich reifer geworden ...

... Nein.

Wobei, im Grunde hast du dich immer weiter verbessert und deinem Handwe gefeilt, bis du so gut wurdes wie du jetzt bist.

S...

Sei still! Red nicht so einen Mist. Und was ist mit dir, hä?

157

Ich mache es lieber allen recht und laufe sinnlos von A nach B, als dass ich jemandem mit meinem Verhalten vor den Kopf stoße.

Locker im Umgang mit anderen, nicht zu streng mit mir selbst.

Nein, auch ich bin noch immer derselbe.

Und so bin ich hier gelandet. Laufe noch heute auf genau demselben Pfad, den ich damals eingeschlagen habe.

Ich habe mich ebenfalls kein Stück verändert.

Und auch ...

... dass ich genau wie damals von dir verzaubert bin, hat sich nicht geändert.

Meine
Antwort
für ge-
stern.

Ver-
dammt,
wieso
habe ich
denn ...

Ach, egal,
immerhin
hab ich
dich jetzt
am Haken.

Und jetzt
sieh mich an
und sprich
mit mir.

über
mich ...
über dich,
über uns
und auch
über
unsere
Filme!

Hör auf,
ständig vor
mir davon-
zulaufen.
Du hast mir
deine Liebe
gestanden
und weißt
genau, was
los ist ...

Und ich
glaube, ich
bin jetzt auch
imstande, dir
eine Antwort
zu geben.

Hast
du denn
vor, mir eine
Antwort zu
geben?

be ich
ch eine
ance?

160

Ja ...
Ich denke
ständig
darüber
nach ...

...

...

Wollen wir
heute Abend
zusammen
einen Film
anschauen?

Und
uns unter-
halten.

Ich sorg
dafür, dass
niemand uns
stören wird.

Du
wartest
im Zimmer
auf mich,
okay?

Wie
war das?

Verdammt,
wieso tue
ich das ...

Schon in
Ordnung, ich
hatte genau
dasselbe im
Sinn.

Aber sei
gewarnt,
ich werde
meine Hände
kaum bei
mir lassen
können.

GRINS

Mister Kikuchihara, Sie sind excellent!

... seit Langem mal wieder in unglaublicher Höchstform.

Vormittag

Im Englischunterricht habe ich beim Vorlesen richtig viel Gefühl in meinen Vortrag reingelegt. Der Lehrer musste sogar weinen.

Mittagessen

An: Kikuchihara

In der Mensa hat die Mensafrau mir drei Extraportionen gratis aufgetischt.

Nach der Schule

Ich habe von drei Leuten aus dem ersten Jahr Liebesbriefe bekommen.

Ich ...

Ich versuche, so schnell es geht nach Hause zu kommen!

Jetzt führ dich nicht auf wie ein Kleinkind! Was soll denn diese übertriebene Vorfreude, Mann! Du Depp!

An diesem Tag war ich ...

Wir konnten sogar eine der wichtigsten Szenen, nämlich das Wiedersehen von Jerome und Sigma, abdrehen.

Und damit nicht genug, am Nachmittag haben wir es doch tatsächlich noch geschafft, im Filmklub drei verlorene Tage wieder reinzuholen.

später wird dann ein 3D-Modell auf den eigentlichen Darsteller projiziert. so in etwa sieht das dann aus.

Mein treuer Gefährte! Du lebst!

Sigma ...

Ich weiß, wie du dich fühlen musst! Auf, lass uns heimkehren auf unseren Planeten!

162

Doch wir sind sicher, dass all jene, die weise und voller Mut und Zuversicht leben, sämtliche Schwierigkeiten überwinden können.

Die Menschheit wird auf die Probe gestellt werden, ehe Jerome ein weiteres Mal erscheinen wird.

Die Erde wird fortan in Frieden leben können ... doch auf die Erdlinge werden noch viele Herausforderungen und Strapazen warten.

Mmh, mmh, nun ...

Alle Klubmitglieder sind zu Tränen gerührt.

Jin, das war absolut genial!

Ja, du bist einfach ein verdammt guter Schauspieler!

KLATSCH KLATSCH

Als ich „Danke, aus!" schrie, überschüttete man mich mit Lob und Glückwünschen.

KLATSCH KLATSCH

Es tut mir leid, Jungs.

Das Einzige, worüber ich mich heute freuen kann, ist dieser Abend, der so kurz bevorsteht.

163

Ich habe alles bis ins kleinste Detail vorbereitet.

Ich aß zu Abend, nahm ein Bad, putzte mir die Zähne und sorgte dafür, dass niemand außer uns beiden anwesend war.

Was willst du gucken?

Irgendwas Ruhiges.

Was soll ich bloß tun?

... gibt es kein Drehbuch mehr.

Doch jetzt ...

Ich habe mich den ganzen Tag auf diesen Moment gefreut.

Findest du? Aber stirbt der Charakter nicht plötzlich bei einem Autounfall?

Dieser Schauspieler ähnelt dir ein wenig.

Erzähl mir auch von deinen Fehlern und deinen Schwächen, von deinen unschönen Seiten.

Ich möchte ...

... dass du Farbe bekennst. Sag mir, was du wirklich für mich empfindest.

Worüber sollen wir sprechen?

Was erhoffen wir uns?

Hey, Herr Regisseur?

Welchen Dialog muss ich aufsagen, damit du zu mir rüber siehst?

Wie du willst.

Frag mich, was auch immer du mich fragen willst.

Nervt es dich nicht, dass du von den anderen Klubmitgliedern ständig an der Nase herumgeführt wirst?

Du bist in deinen Entscheidungen nicht wirklich frei. Im Grunde kannst du nie den Film drehen, der dir eigentlich vorschwebt.

Ich fände es eher problematisch, wenn jemand aus dem Team unzufrieden ist, wegen Dingen, die ich zu verantworten habe.

Mir ist wichtig, dass alle aus dem Klub zu jeder Zeit Spaß und Freude an der Sache haben.

Und kein einziges Mal fühlte ich mich in meinen Entscheidungen eingeschränkt oder gar unfrei.

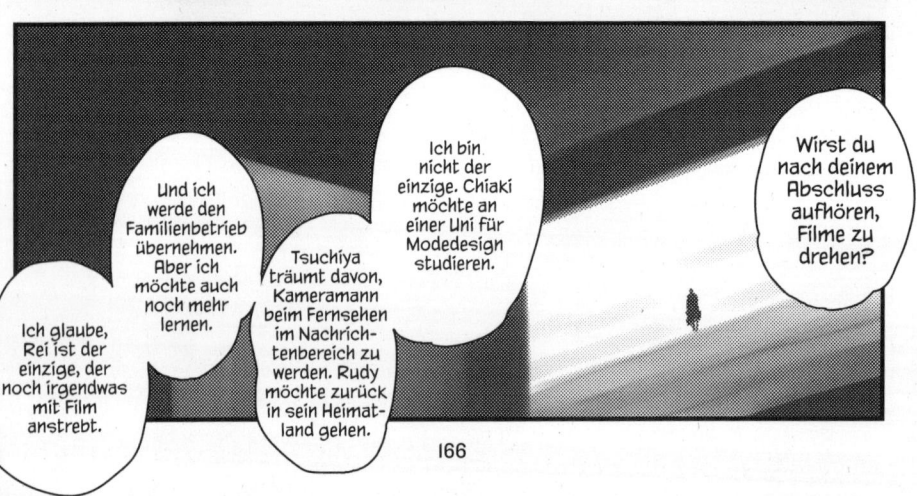

Wirst du nach deinem Abschluss aufhören, Filme zu drehen?

Ich bin nicht der einzige. Chiaki möchte an einer Uni für Modedesign studieren.

Und ich werde den Familienbetrieb übernehmen. Aber ich möchte auch noch mehr lernen.

Tsuchiya träumt davon, Kameramann beim Fernsehen im Nachrichtenbereich zu werden. Rudy möchte zurück in sein Heimatland gehen.

Ich glaube, Rei ist der einzige, der noch irgendwas mit Film anstrebt.

Wieso machst du denn dann überhaupt Filme, wenn du das nicht mal professionell betreiben möchtest?

Das ist genau der Grund, weshalb deine Filme schei-Be sind!

Er wird wütend werden und sagen, dass ich mir meiner Stärken mehr bewusst sein sollte ...

LINS

Film sei heilig, wird er behaupten und sagen, dass man seine Zeit nicht in solchen Klubs vertrödeln sollte ... aber es ist nun mal eine Klubaktivität in der Schule ...

Daran ist nicht zu rütteln ...

So einer ist er also! Ich wuss-te es!

Fr...

Freut er sich etwa?

Hey?!

HÄHÄ

HÄHÄ

GRINS

...

Hm, ver-stehe, ver-stehe ...

Frag, so viel du willst.

Zu guter Letzt noch eine Sache.

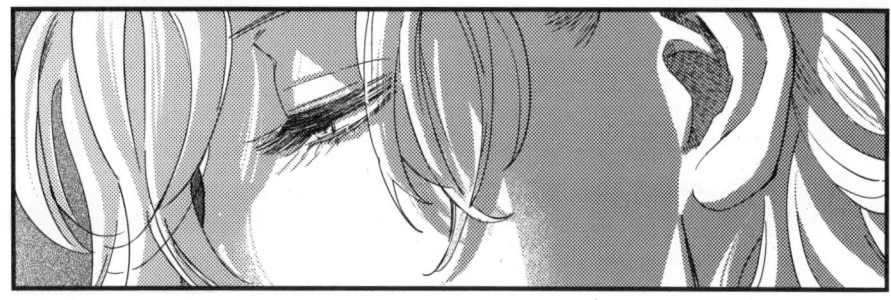

Ja,
ich liebe
es.
Natürlich
liebe ich
es. Wenn
dem nicht
so wäre
...
... wozu
hätte
ich
denn
dann
drei
Jahre
lang ...
PATSCH

Ich hab
es dir an-
gesehen.

Ich
wusste
es.

Ichikawa
...

PUH

...

Jetzt ist also endlich die Zeit gekommen, wo du mir zeigen kannst, was du gelernt hast.

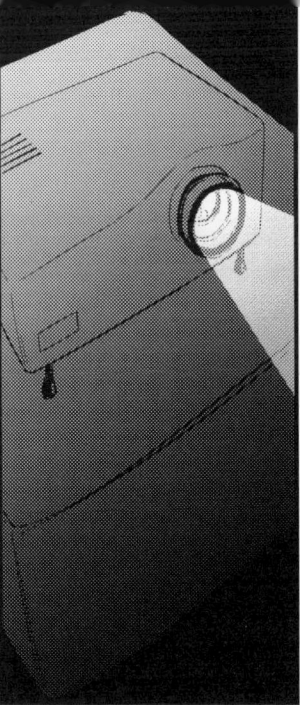

Redest du von den BL-Manga?

Falls ja, dann halt lieber die Klappe!

Jetzt hör endlich auf mit dem Theater. Mich täuschst du nicht!

Im BL-Manga sind sie auch nicht gerade brav.

Verbaler Missbrauch? Dirty-Talk und so was?

überhaupt ist das hier nichts, was man schweigend durchzieht, klar?

Werde ich nicht!

Ach, Ichikawa, deine roten Wangen verraten dich einfach.

Scheiße!

Uh!!

...

Meine Schwächen und Fehler habe ich dir jetzt offen und ehrlich mitgeteilt.
Ich bin ein eitler Typ, der es allen recht machen will.
Und ich beneide dich. Ich bin neidisch auf das, was du hast ...
Jetzt bist du dran. Zeig mir deine Schwächen und Makel.
Versteck dich nicht vor mir.
...
Ich bin so was hier nicht gewohnt.
Das ist mein erstes Mal.

In meinem
bisherigen
Leben ...

... war dies
hier wohl
mit Abstand
der beste
Moment ...

So viel
Herzklopfen
hatte ich.

take6

... Nnh!

BONK

REIB REIB

Nein ...
Ich kann
das nicht ...
von dir ange-
fasst zu
werden ...
Haah ...

Willst du
nicht?

Ich weiß
es nicht ...
Aber ich krieg
Gänsehaut.

HAAAH

Uuh
...

Rutsch

Rutsch

Versuch
nicht, vor mir
zu flüchten,
ich lasse
dich eh nicht
entkommen.

Tut es
sehr weh?
Rutsch
noch ein
Stück weiter
runter.

HI HI HI

FUH

Ich wusste nicht, dass du dich mit einem Mal nicht zufriedengibst.

Wobei es im Manga so dargestellt wurde.

GRINS

Ein typischer BL eben.

Ich wusste es. Ich wollte nur abwarten, bis du es selbst merkst.

Vom Frühling in den Sommer.

6
5
4
3

Die Vorbereitungskurse haben angefangen!

Midorigaoka

Bis zum Kulturfest noch

Mensch! Ich hab doch gut geschlafen! Und trotzdem tut mir heute alles weh. Na ja, aber er konnte es einfach nicht gut sein lassen.

...

STRECK
STRECK

Mit den meisten Vorbereitungen für den Klub sind wir immerhin schon fertig. Das ist gut.

Aber die Klassenausstellung nervt. Was macht eure Klasse, Mao?

Ein Geisterhaus.

Uwah!

Das klingt ziemlich anstrengend und nervig. Und Ichikawa?

Hey, was ist los?

Tut dir die Hüfte weh?

GRR
GRR
GRR
GRR

Das Kulturfest ist mir schnurzpiepegal.

Ist wirklich alles okay? Heute beginnen die Vorbereitungen für das Schulfest.

Gh

Alles besten...

STARR

Ich hab mich einfach nur noch nicht daran gewöhnt. Ach, scheiße, verdammt ... Wieso musste ich überhaupt ...

...

Das einzige, was für mich zählt, ist, gegen den Film der Jungs aus dem dritten Jahr beim innerschulischen Kunstwettbewerb zu gewinnen.

Wir werden die aus dem dritten Jahr so was von zum Heulen bringen ...

Aua! Aua!

ZUPF

ZUPF

Nein, das spielt nun wirklich keine Rolle.

Wir wollen doch der Klasse keine Schwierigkeiten machen, oder? Also benimm dich bitte.

Und nur damit du's weißt: Auf den Ruf unseres Filmklubs lass ich nichts kommen!

Die erbitterte Fehde zwischen dem zweiten und dem dritten Jahrgang findet schon bald ihr Ende.

Nicht mehr lange, dann findet das Kulturfest an unserer Schule statt.

Jetzt hast du dich schon total an das Wohnheim gewöhnt, oder, Ichikawa? Willst du trotzdem ausziehen?

Ah, ja. Ich werde nach und nach alles vorbereiten und dann ausziehen.

Er wird aber wie geplant wieder zurück sein.

Ja. Aber er muss wohl noch einige Zeit in Reha.

Und? Ist die Operation von deinem Opa gut verlaufen, Ichikawa?

THE FLY

Schon bald wird Ichikawa aus diesem Zimmer ausziehen und in sein normales Leben zurückkehren.

Immerhin war er schon einer von uns.

Echt schade, was?

Das stimmt.

Manchmal hält er inne und gibt sich seinen Gedanken hin.

In diesen Momenten darf man sich ihm nicht nähern.

„Was hast du?", möchte ich dann fragen. Und kann es doch nicht.

Diese Distanz zu ihm zerreißt mich förmlich.

Welche? Zeig!

THE FLY

Leute, wir wollen alle noch mal die letzte Szene gemeinsam begutachten!

THE FLY

Das war aber auch verdammt gut. Wir dürfen ruhig heulen. Ich mein das ernst.

Der langsame und ruhige Schwenk kommt richtig gut.

Egal wie oft ich diese Szene auch sehe, ich muss immer wieder weinen.

Es ist eine verdammt starke Szene. Jin hat mir da sehr geholfen, auf die lange Dauer den Text improvisieren zu können.

Auf einmal denke ich ...

Hm, ja ...

... Prüfungen schreiben, seinen Abschluss machen – und dann? Dann sind wir bald schon Erwachsene.

Ich frage mich ja schon, ob wir uns eines Tages voller Wehmut und mit einem kleinen Tränchen im Auge an jene Zeit im Filmklub erinnern werden.

Okay, heute nach der Schule gibt's noch ein Treffen mit dem Schülerrat wegen der Vorführung der Werke aus dem Wettbewerb.

Wir treffen uns um 4 Uhr im Zimmer der Schülervertretung. Merkt euch das und kommt bitte nicht zu spät.

Wie lange werden diese Erinnerungen uns allen wohl bleiben?

Oder werden wir diese Zeit überhöhen und aus all unseren Erfahrungen eine glorreiche Erzählung voller Schönheit und wunderbarer Momente machen?

... in der wir uns verloren, gefunden, gesucht und immer wieder neu erfunden haben?

Werden wir sie bereuen? Diese Zeit an der Oberschule ...

Ich kann es nicht sagen.

... dass diese Erinnerungen tief im Herzen der Person eingebrannt bleiben, die ich liebe.

Selbst wenn ich längst nicht mehr da bin.

Wenn das der Fall ist, so möchte ich zumindest ...

Der Abschluss steht längst vor der Tür ...

... und noch immer steh ich auf wackligen Beinen.

195

Kein Ding, so lange war's nicht.

Sorry, ich habe dich warten lassen.

Ichikawa und ich hatten noch das eine oder andere Rendezvous in der Schule.

Zumindest ist es das, was mir im Kopf rumgeht.

Beides bereitet mir gleichermaßen Freude, und ich möchte bis zu unserem Abschluss so oft es geht mit ihm zusammen sein.

In der Schule sind es nur wir zwei, irgendwo im Verborgenen, um nicht gesehen zu werden.

Im Wohnheim sind es nur wir beide in einem Zimmer.

Was? Nicht? Der zweite Teil ist richtig gut! Okay, Wahl entschieden. Wir gucken den heute.

Hab ich. Die Fortsetzung allerdings nicht.

Und der hier? Hast du den gesehen?

Heute ist keine Schule. Aber ich gehe immer noch zwei Mal die Woche hin.

Wie läuft's auf der Vorbereitungsschule?

Ah ... nachher findet noch die Besprechung für das Kulturfest statt. Ich muss mich beeilen, sonst komm ich zu spät.

Ich habe vor, für die Sommerlehrgänge öfter hinzugehen.

196

GRÜBEL

GRÜBEL

GRÜBEL

Er ist wirklich nicht einfach ...

Du bist mein Freund. Wieso redest du nicht mit mir?

Bist du etwa mit mir unzufrieden?

Ah ... Moment Mal ...

HMMM

Jetzt, wo ich daran denke ... Ichikawa hat bisher noch kein einziges Mal zu mir gesagt, dass er mich liebt.

Obwohl ich es bereits zu ihm gesagt habe.

Verstehe.

...

Ich hab's geahnt. Es herrscht wieder diese Distanz zwischen uns.

Bin ich hier etwa der Einzige, der verliebt ist?

Ichikawa.

Möchtest du das nicht?

Ha... Hab ich dich überrumpelt?

Sorry.

ZACK

Sieh nicht her! Es ist nichts!

Es ist nichts. Alles gut.

...

Hey ... Wenn du irgendwas auf dem Herzen hast, kannst du's mir doch sagen.

In letzter Zeit mussten wir über viele Dinge nachdenken, und natürlich, wir wissen noch immer nicht, wie alles weitergeht, aber ... ja, irgendwo mache ich mir ja auch Sorgen.

Ich dachte nur ...

... dass ich wohl doch ganz schön traurig sein werde ...

... wenn wir uns trennen müssen ...

Ich meine, ich spüre ja auch diesen Druck ...

Du bist im dritten Jahr und die Zeit rennt uns davon ...

Diese eine Äußerung von ihm ...

... gab mir den unbändigen Mut ...

... trotz all der Dinge, über die ich mir tagaus, tagein den Kopf zerbrochen habe ...

... mit einem Klappenschlag vor die Kamera zu treten ...

... und einem Gefühl im Herzen, als könnte ich alles sein, alles schaffen!

Ichikawa.

Ich wünsche mir nur, dass die wenige Zeit, die uns noch bleibt, ganz langsam vergehen wird.

So langsam wie möglich.

Ichikawa lachte traurig, und ich dachte, dass ich ihn noch ein letztes Mal küssen möchte.

Ganz sachte und langsam, wie in Zeitlupe.

Aus der Ferne konnten wir den Lärm und das Geplapper aus der Mittagspause wahrnehmen.

Ich möchte, dass sich diese Szene tief in unsere Herzen brennt. Wie das Licht durch die Fenster in das Gebäude schimmerte.

Vergiss uns nicht ...

Selbst wenn ich nicht mehr da sein sollte.

Und Ichikawa?

Meint er, wir können das so lassen?

Hm, er hat's noch nicht gesehen ... Wir fragen ihn nachher mal.

Aber wer hätte gedacht, dass Ichikawa jemals vorschlagen würde, dass wir einen Dokumentarfilm über die aus dem dritten Jahr machen, was?

Alles klar. In letzter Zeit ist er ständig unterwegs, oder?

Meint ihr, er hat irgendwas ausgeheckt?

Ich heiße Giichi Ichikawa und bin Regisseur im zweiten Jahr der Oberschule.

Dabei hat er noch gesagt, er will das unbedingt selbst sprechen.

Tzz ... er sieht aus, als würde er sich total unwohl fühlen.

„Für das weitere Dasein"? So was sagt man doch nicht!

Das können wir doch unmöglich verwenden, oder?

Komm schon, das schneiden wir raus, Mann.

Ich werde mich fortan um meine Angelegenheiten kümmern und wünsche viel Erfolg für das weitere Dasein und das Bestehen der anstehenden Prüfungen ...

Gratulation an alle Schüler aus dem dritten Jahr zum erfolgreiche Abschluss und e großes Danke-schön für eure Bemühungen.

Ja, ja, schon gut, schon gut. Eins nach dem anderen!

Okay, Take two! Los geht's!

SCHNUPP
SCHNUPP

Ichikawa ... das ist die letzte Gelegen-heit, Mensch. Du solltest denen aus dem dritten Jahr zumindest deinen Dank aussprechen ...

Und Ma-nieren! E soll höflic sprechen

Gott, ich hasse die Filme, die du gedreht hast!

Alles so unglaub-lich banal und schon tausendmal irgendwo gesehen.

Ey!!

Jin Kiku-chihara ... euer Klub-vorstand ...

Meine Freunde aus dem dritten Jahr ... Glück-wunsch zum Ab-schluss.

Ich he Giic Ichika Regiss aus d zweit Jah

207

... war das wahrscheinlich noch nicht mal gelogen.

Mit dir im Team ...

„Wer in den Filmklub eintritt, kann werden, was er möchte."

Sowohl beim Dreh als auch beim Ansehen der Filme.

... aber alle schienen Spaß gehabt zu haben.

Und auch wenn ich es nur ungern zugebe ...

Der Klubvorstand ist definitiv der Hauptdarsteller innerhalb unserer kleinen Filmwelt.

Es gab so viele Dinge, die ich mir gerne von dir abgeguckt hätte und die du so viel besser konntest als ich.

Du verdienst meinen Respekt.

Ja, verdammt, ich bin ziemlich verärgert! Wieso musstest du den Klub so straff und ordentlich führen! Ich bin sicher, dass ich jetzt ständig mit dir verglichen werde! Jin Kikuchihara!

Man wird den vulgären und nervtötenden Teil von dir, auch nachdem du deinen Abschluss in der Tasche hast, noch lange durchschimmern sehen, so viel ist ja wohl klar! Mensch, was für ein Typ!

eeey!

GRR IRRITIERT GRR GRR

ZAPPEL ZAPPEL ZAPPEL ZAPPEL

Vielen Dank, dass du uns als Klubvorstand über all diese Zeit hinweg angeleitet und ermutigt hast.

Alle aus dem zweiten Jahr schauen zu dir auf ...

Fresse! Ich bin derjenige, der nach diesem bemerkenswerten Kikuchihara der neue Klubvorstand unseres Filmklubs werden wird!

Ich werde mich für den Rest meiner Tage mit seinem Geist herumschlagen müssen, dieser Dämon wird mich auf ewig verfolgen!

Selbst wenn ich ihn vergessen wollte, es ist unmöglich! Ich bin für den Rest meines Lebens verflucht!

Ey! Kikuchihara! Lass dich gefälligst auch mal im Klub blicken, nachdem du deinen Abschluss geschafft hast! Ich hab 'nen Berg an Dingen, die ich dir noch sagen will!

Genug jetzt.

Was laberst du denn da von Dämonen und Geistern! Er ist doch nicht gestorben! Boah, nee! Cut! Aus! Danke! Das war kompletter Mist!

Das halt ich dir sonst ein Leben lang vor!

Und überhaupt ... Du wurdest doch noch gar nicht zum Klubvorstand gewählt!

Wurde ich nicht? Ja, dann ...

KLICK

Ich weiß ja nicht.

Und das wollen wir wirklich rumschicken?

Puuh ...

Eine Hassliebe vielleicht?

Kompliziert, was?

Man fragt sich echt, ob Ichikawa es nun hassen oder lieben würde, Klubvorstand zu sein.

Ja,
ich liebe
dich.

FUH

Ich übernehme bis zur Mittagspause ...

Es steht jedem frei, am Feriencamp teilzunehmen.

Das Ergebnis der ausgezählten Stimmen aus allen drei Jahrgängen lautet wie folgt:

Der neue Klubvorstand heißt mit sofortiger Wirkung Giichi Ichikawa.

B-Roll – Bonuskapitel

...

Was ist denn hier los?

Was soll diese unterkühlte Stimmung?

KLACK

KLACKER

Auf jeden Fall ist ziemlich offensichtlich, dass sie sich mir gegenüber komisch verhalten.

SCHLENKER

Okay, ich bin dann mal weg. Schickt die Kontaktdaten noch rum.

SCHLENKER

Hau rein.

Hey, Leute, jetzt wartet doch mal kurz.

Kann es sein, dass ...

214

Wir werden bald Sex haben ...

Ah, verdammt noch mal ... das nervt, aber ich kann es ja auch nicht ändern. Wir sind erst seit Kurzem zusammen. Ist doch klar, dass ich komplett in den Wolken hänge ...

Hm? Was hast du? Was betrübt dich so?

Uhuhu ...

Puh

Uh ...

Ja, ich kann dir so was direkt am Gesicht ablesen.

Wie? Hast du das bemerkt?

BADUM

PUH

Am Gesicht, hm?

Wahrscheinlich haben die Jungs aus dem Filmklub auch schon längst von meiner emotionalen Seite Wind bekommen ...

Ganz im Gegenteil. Ich denke, es ist eher gut, dass du so bist, wie du bist.

Ich weiß nicht, was los ist, aber du wirst deinen Freunden schon am Herzen liegen.

Was ist los? Sag bloß, du hast erst jetzt erkannt, dass du emotional bist?

Denkst du, ich weiß das nicht?

Und die Leute aus dem Filmklub?

SCHNUTE

...

(Dachte ich, ja.)

Hast ja recht.

Es ist genau, wie du sagst.

...

STARR

Was ist?

Ja, so machst du's. Klingt gut.

Es wird ein Frontalangriff!

Das passt überhaupt nicht zu mir, dass ich mir jetzt solche Sorgen deswegen mache!

Ich werde morgen gleich fragen!

Er fängt sich ziemlich schnell ...

Ich könnte noch was von ihm lernen.

Darf ich das da lecken?

Hm, ich werde genau das Gleiche tun, also spreiz die Beine.

GRABB

Hmm, sexy ... Was für 'ne geile Aussicht!

FUH

Sei still! So was will ich nicht hören.

STREICH

Aber weißt du, unsere Beziehung ...

STREICH

... ist schon ganz schön unanständig ...

Man könnte auch sagen, ziemlich emotional.

Deshalb bist du auch der einzige, dem ich mich so zeigen kann.

Erzähl mir doch nichts.

Ver-
stehe
...

Wahr-
schein-
lich
ist es
doch
okay,
un-
sicher,
zöger-
lich
oder
emotio-
nal zu
sein.

Ich
habe
einen
Lieb-
haber
und
einen
Freund,
der
mich
so
nimmt,
wie
ich
bin.

Und ich
möchte
das
gleiche für
ihn sein.
Liebhaber,
Freund,
alles
zugleich.

end

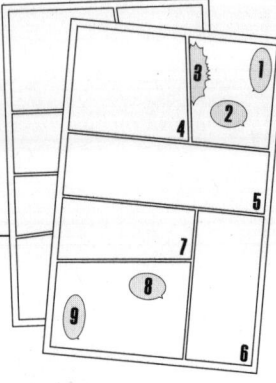

AFTERIMAGE SLOW MOTION

von

JYANOME

2. Auflage, 2024
Deutsche Ausgabe/German Edition
© Cross Cult Entertainment GmbH & Co. Publishing KG | Manga Cult, Ludwigsburg 2024
Verlagsleitung: Andreas Mergenthaler & Luciana Bawidamann

Aus dem Japanischen von Martin Gericke

Copyright © 2020 JYANOME. All rights reserved.
First published in Japan in 2020 by KODANSHA Ltd., Tokyo.
Publication rights for this German edition arranged through KODANSHA Ltd., Tokyo.

KODANSHA

Programmleitung: Alexandra Grimsehl
Redaktion: Alexandra Grimsehl
Lektorat: Laura d'Argent
Grafik/Produktionsleitung: Elke Epple
Layout und Lettering: Manga Cult, Datagrafix GSP GmbH, Berlin
Druck: GGP Media GmbH, Pößneck

Print-ISBN: 978-3-96433-503-6

www.manga-cult.de | Januar 2022